ALIA CARDYN

Caderno de exercícios para
detox digital

Ilustrações de Sophie Lambda
Tradução de Clarissa Ribeiro

EDITORA VOZES

Petrópolis

© Éditions Jouvence S.A., 2015
Route de Florissant, 97
CH — 1206, Genève, Suisse
http://www.editions-jouvence.com
info@editions-jouvence.com

Tradução do original em francês
intitulado *Petit cahier d'exercices
de digital detox.*

Direitos de publicação em língua
portuguesa — Brasil:
2024, Editora Vozes Ltda.
Rua Frei Luís, 100
25689-900 Petrópolis, RJ
www.vozes.com.br
Brasil

Todos os direitos reservados.
Nenhuma parte desta obra poderá
ser reproduzida ou transmitida por
qualquer forma e/ou quaisquer meios
(eletrônico ou mecânico, incluindo
fotocópia e gravação) ou arquivada em
qualquer sistema ou banco de dados
sem permissão escrita da editora.

Editoração: Maria da Conceição B. de Sousa
Revisão gráfica: Anna Carolina Guimarães
Projeto Gráfico: Éditions Jouvence
Arte-finalização: Sheilandre Desenv. Gráfico
Capa/ilustração: Sophie Lambda
Arte-finalização: Editora Vozes

ISBN 978-85-326-6671-0 (Brasil)
ISBN 978-2-88911-577-8 (Suíça)

Este livro foi composto e impresso
pela Editora Vozes Ltda.

CONSELHO EDITORIAL

Diretor
Volney J. Berkenbrock

Editores
Aline dos Santos Carneiro
Edrian Josué Pasini
Marilac Loraine Oleniki
Welder Lancieri Marchini

Conselheiros
Elói Dionísio Piva
Francisco Morás
Gilberto Gonçalves Garcia
Ludovico Garmus
Teobaldo Heidemann

Secretário executivo
Leonardo A.R.T. dos Santos

PRODUÇÃO EDITORIAL

Aline L.R. de Barros
Marcelo Telles
Mirela de Oliveira
Otaviano M. Cunha
Rafael de Oliveira
Samuel Rezende
Vanessa Luz
Verônica M. Guedes

Conselho de projetos editoriais
Isabelle Theodora R.S. Martins
Luísa Ramos M. Lorenzi
Natália França
Priscilla A.F. Alves

**Dados Internacionais de Catalogação na Publicação (CIP)
(Câmara Brasileira do Livro, SP, Brasil)**

Cardyn, Alia
    Caderno de exercícios para detox digital / Alia Cardyn ;
ilustrações de Sophie Lambda ; tradução de Clarissa Ribeiro. —
Petrópolis, RJ : Vozes, 2024. — (Praticando o Bem-estar)
    Título original: Petit cahier d'exercices de digital detox.
    ISBN 978-85-326-6671-0
    1. Autoconhecimento (Psicologia) 2. Dependência (Psicologia)
3. Redes sociais 4. Tecnologia - Aspectos psicológicos
5. Usuários da Internet - Comportamento de uso I. Lambda,
Sophie. II. Ribeiro, Clarissa. III. Título. IV. Série.

23-176643

CDD-150.1

Índices para catálogo sistemático:
1. Redes sociais : Ponto de vista terapêutico :
Psicologia 150.1
Tábata Alves da Silva - Bibliotecária - CRB-8/9253

A meus filhos,

a quem desejo um mundo pleno de presença
junto a si mesmo, aos outros, à vida que corre.

. . . .

Lembre-se da vida há alguns anos. O mundo era bem diferente: passear de bicicleta à tarde com a família implicava obrigatoriamente ficar incomunicável durante algumas horas e, no melhor dos casos, escutar na volta mensagens deixadas na secretária eletrônica, de apenas três botões.

Esse tempo de desconexão total ainda faz parte de sua vida cotidiana? O charme de um momento de simples presença junto aos outros faz falta? Como a tecnologia transformou sua vida?

Longe de mim a ideia de querer retornar... O objetivo, em vez disso, é tomar o melhor da tecnologia sem que ela tome o melhor de nós!

A rede gsm, o celular, o tablet, os e-mails, as redes sociais, a televisão, o computador e outros produtos da tecnologia invadiram nosso cotidiano. Muitos são os benefícios, especialmente o uso mais "rentável" de nosso tempo e a melhoria na qualidade da comunicação e da informação no que diz respeito ao tempo, à quantidade de dados e a abrangência. A tecnologia permite aumentar nosso rendimento graças à melhor organização das atividades e à multiplicação do tempo[1]. Por exemplo, o tempo que passamos sentados em uma sala de espera pode ser utilizado para fazer uma triagem na caixa de e-mails ou escutar os recados. Isso não é um conselho, apenas uma constatação.

A informação se tornou imediata, constantemente disponível para todos, via internet, comunicável em um clique, para uma audiência seleta por meio de e-mails ou de redes sociais.

---

1. JAUREGUIBERRY, F. Les téléphones portables, outils du dédoublement et de la densification du temps: un diagnostic confirmé [Os celulares, ferramentas da multiplicação e da densificação do tempo: um diagnóstico confirmado]. *tic&société* (*on-line*), v. 1, n. 1, p. 82, 2007.

Hoje, a rentabilização do tempo e a onipresença da tecnologia se transformaram em uma verdadeira norma para uma boa parte da sociedade. Essa norma rege tanto a vida privada quanto a profissional: muitos de nós ficamos comunicáveis, disponíveis ou conectados na maior parte do dia, com o sentimento de que isso é normal. Um bom teste é observar como você se sente quanto não responde a um e-mail ou a uma mensagem em 48 horas.

Que lugar você dá às suas ferramentas digitais? Onipresentes para alguns? Apenas ferramentas úteis para outros? Esse lugar ainda é uma escolha ou se tornou um automatismo, um reflexo, até mesmo um vício?

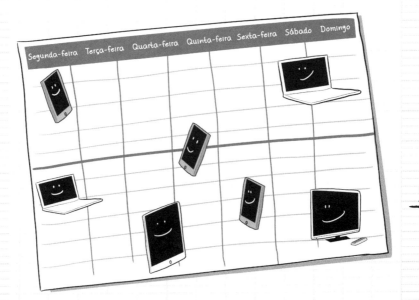

A resposta traz consequências. O impacto da tecnologia em nossa maneira de viver é importante. Ela influencia nossas relações com os outros, nosso bem-estar, o funcionamento de nosso cérebro e o nosso comportamento.

Fazer escolhas, na vida, é profundamente energizante. Este caderno de exercícios convida você a criar uma relação equilibrada com a tecnologia, passando por um curto tratamento detox[2].

Para criar essa relação, guiarei você ao longo de cinco etapas:

1. **Analisar a situação.** Conhecer seu ponto de partida permitirá tomar consciência de seu nível de intoxicação para, em seguida, avaliar seus progressos (e celebrá-los!).

2. **Descobrir o que você poderia ganhar em uma relação mais harmônica com a tecnologia.** Este ponto permitirá constituir uma lista de estímulos para possíveis momentos de dúvida ou saudade.

---

2. Abordo aqui a dependência leve. Meu objetivo não é tratar a dependência que necessitaria de um apoio e um acompanhamento médico e/ou psicológico.

3. **Identificar seus objetivos e suas maiores forças** para um detox de 21 dias. Saber para onde estamos indo, como e por quanto tempo, é essencial para ter sucesso em um desafio. O ser humano pode desenvolver uma vontade incrível, sobretudo se está em um quadro preciso e por um tempo determinado. Descobrir suas maiores forças ajudará a enfrentar esse desafio.

4. **Experimentar 21 dias de detox**, segundo os objetivos que você terá estabelecido.

5. **Escolher sua nova relação com a tecnologia.** Enriquecido por sua tomada de consciência e seu tratamento detox, você poderá definir os termos dessa nova relação.

Pronto para a aventura?
Vamos lá!

Primeira etapa: Analise a situação!

Estabelecer sua situação inicial é essencial. Isso ajuda a tomar consciência de seu grau de intoxicação. Observar com calma e ver claramente sua situação pode ser particularmente estimulante. Talvez você fique surpreso ao descobrir pequenas dependências que se instalaram em seu cotidiano!

A análise da situação permitirá, também, avaliar seus progressos e celebrá-los, tanto durante o tratamento detox como depois dele, na relação harmônica que você terá escolhido. É comum, quando o ser humano progride, que considere seu progresso "normal", adquirido, esquecendo-se de todo o caminho percorrido (às vezes com dificuldade). Ora, reconhecer seus progressos é um excelente "gás" para continuar motivado, sobretudo nos momentos difíceis.

Para uma análise da situação inicial,
dedique-se a fazer estes
quatro exercícios!

EXERCÍCIO 1:

Neste primeiro exercício, nós vamos avaliar com calma e detalhadamente sua relação com os diversos produtos da tecnologia! Pode ser difícil olhar objetivamente nossa relação com o mundo. É comum, em função de nossa personalidade, tendermos a exagerar ou a minimizar as coisas. O objetivo deste exercício é ter uma visão realista da situação inicial.

Durante três dias, indique com a máxima honestidade possível os dados pedidos. É possível que você seja tentado a adaptar seu comportamento habitual, freando suas pulsões, pois se sente, e com razão, observado.

Tente permanecer natural, na medida do possível. O objetivo não é julgar-se, mas ter uma ideia precisa de sua relação com a tecnologia, para saber se você deseja ou não modificá-la.

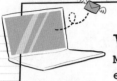

VOCÊ E OS E-MAILS
Marque uma casa abaixo cada vez que consulta seus e-mails.

DIA 1

Número total de consultas: ...

DIA 2

Número total de consultas: ...

DIA 3

Número total de consultas: : ...

VOCÊ E SUA RELAÇÃO COM A TECNOLOGIA
Uma vez por dia, resista à vontade de consultar os e-mails, seu celular, seu tablet ou outro equipamento. Feche os olhos e observe o que acontece: Você se sente tenso, física ou emocionalmente? Há sentimento positivo ou negativo? Sente estresse? Outra coisa? Anote abaixo o que observa:

DIA 1

Quando eu resisto, eu observo em mim: . . . .
. . . .

DIA 2

Quando eu resisto, eu observo em mim: . . . .
. . . .

DIA 3

Quando eu resisto, eu observo em mim: . . . .
. . . .

VOCÊ E A INTERNET

Sempre que fizer uso da internet (incluindo as redes sociais), indique o horário em que iniciou e quando parou. Faça este exercício de maneira rigorosa, mesmo quando a consulta dura poucos minutos. Nós tendemos a subestimar ou superestimar o tempo dedicado a uma atividade, pois isso depende muito de nossa relação com o tempo e do prazer que determinada atividade nos causa.

DIA 1
Início: ...   Fim:...   Tempo de consulta:...
Início: ...   Fim:...   Tempo de consulta:...
Início: ...   Fim:...   Tempo de consulta:...
Início: ...   Fim:...   Tempo de consulta:...
Início: ...   Fim:...   Tempo de consulta:...
Início: ...   Fim:...   Tempo de consulta:...
Início: ...   Fim:...   Tempo de consulta:...
Início: ...   Fim:...   Tempo de consulta:...
Início: ...   Fim:...   Tempo de consulta:...
Início: ...   Fim:...   Tempo de consulta:...

Total do tempo de consulta:...

DIA 2:
Início: ...   Fim:...   Tempo de consulta:...
Início: ...   Fim:...   Tempo de consulta:...
Início: ...   Fim:...   Tempo de consulta:...
Início: ...   Fim:...   Tempo de consulta:...
Início: ...   Fim:...   Tempo de consulta:...
Início: ...   Fim:...   Tempo de consulta:...
Início: ...   Fim:...   Tempo de consulta:...
Início: ...   Fim:...   Tempo de consulta:...
Início: ...   Fim:...   Tempo de consulta:...
Início: ...   Fim:...   Tempo de consulta:...

Total do tempo de consulta:...

```
DIA 3
Início: ...    Fim:...    Tempo de consulta:...
Início: ...    Fim:...    Tempo de consulta:...
Início: ...    Fim:...    Tempo de consulta:...
Início: ...    Fim:...    Tempo de consulta:...
Início: ...    Fim:...    Tempo de consulta:...
Início: ...    Fim:...    Tempo de consulta:...
Início: ...    Fim:...    Tempo de consulta:...
Início: ...    Fim:...    Tempo de consulta:...
Início: ...    Fim:...    Tempo de consulta:...
Início: ...    Fim:...    Tempo de consulta:...

Total do tempo de consulta:...
```

VOCÊ E A TELEVISÃO
Sempre que você assistir televisão, indique a hora em que começou e a hora em que parou. Pelas razões citadas acima, tome nota de maneira rigorosa, mesmo nos períodos curtos.

```
DIA 1
Início: ...    Fim:...    Tempo de consulta:...
Início: ...    Fim:...    Tempo de consulta:...
Início: ...    Fim:...    Tempo de consulta:...
Início: ...    Fim:...    Tempo de consulta:...

Total do tempo de consulta:...

DIA 2
Início: ...    Fim:...    Tempo de consulta:...
Início: ...    Fim:...    Tempo de consulta:...
Início: ...    Fim:...    Tempo de consulta:...
Início: ...    Fim:...    Tempo de consulta:...

Total do tempo de consulta:...
```

```
DIA 3
Início: ...    Fim:...
Tempo de consulta:...
Início: ...    Fim:...
Tempo de consulta:...
Início: ...    Fim:...
Tempo de consulta:...
Início: ...    Fim:...
Tempo de consulta:...

Total do tempo de consulta:...
```

VOCÊ E A TECNOLOGIA
QUE PERTURBA SUAS INTERAÇÕES

Marque uma casa cada vez que sua atenção for desviada por um produto da tecnologia (celular, tablet, televisão, computador, e-mail, mensagem, aplicativo, internet etc.) enquanto você está em interação com uma outra pessoa (bebê, criança ou adulto).

DIA 1

Número total de consultas:...

DIA 2

Número total de consultas:...

DIA 3

Número total de consultas:...

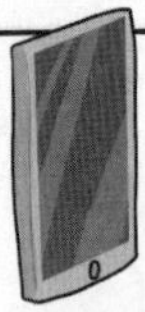

VOCÊ E SEU CELULAR

Marque uma casa assim que pegar o seu celular para verificá-lo ou atender a uma chamada.

DIA 1

Número total de consultas:...

DIA 2

Número total de consultas:...

DIA 3

Número total de consultas:...

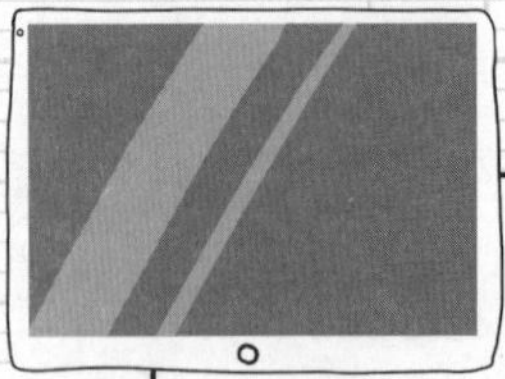

VOCÊ E SEU TABLET

Marque uma casa cada vez que pegar o tablet para consultá-lo.

DIA 1

Número total de consultas:...

DIA 2

Número total de consultas:...

DIA 3

Número total de consultas:...

SUA MEDIA DIÁRIA

Para cada questão, some o total dos três dias e divida-o por 3, para obter sua média diária nos três dias de observação.

VOCÊ E OS E-MAILS

Média diária de consultas:
Se o resultado for superior a 15, você passa pelo menos 30 minutos por dia abrindo e fechando sua caixa de e-mails. E esses 30 minutos não incluem o tempo de tratamento de seus e-mails, nem o tempo necessário para se concentrar novamente na tarefa de que se ocupava antes.
Você poderia, então, querer reduzir o tempo de exposição e escolher esse ponto entre seus objetivos de detox, na terceira etapa.

Retorne! Por favor!

VOCÊ E SUA RELAÇÃO COM A TECNOLOGIA

Quando você resiste, qual é o denominador comum entre tudo o que observou em si mesmo ao longo dos três dias? Há uma reação ou sentimento predominante?

....
....
....
....
....
....
....
....

15

Se o denominador comum é tensão, estresse, raiva, dificuldade ou outro sentimento pouco agradável, é provável que você não tenha liberdade em sua relação com a tecnologia. Sua análise da situação ajudará a determinar em que produto(s) da tecnologia intervir.

VOCÊ E A INTERNET

Média diária do tempo de consulta:
Se você passa mais de 1 hora por dia na internet por razões não profissionais, poderá querer reduzir esse tempo e escolher este ponto entre os seus objetivos.

VOCÊ E A TELEVISÃO

Média diária do tempo de consulta:
Se você passa mais de 1 hora por dia assistindo televisão e constatou, ao responder às questões acima, que isso o afeta de uma maneira ou de outra, poderia querer reduzir esse tempo e escolher este quesito entre os seus objetivos.

VOCÊ E A TECNOLOGIA QUE PERTURBA SUAS INTERAÇÕES

Média diária do número de consultas:
Se o resultado for superior a 5 e, ao avaliar seu comportamento (cf. exercício 3, abaixo), você conclui que sua presença junto aos outros é afetada (você se distrai, tensiona, é menos receptivo, menos atento ou outro aspecto), poderia querer reduzir o número de consultas e escolher este ponto entre os seus objetivos de detox.

VOCÊ E SEU CELULAR

Média diária do número de consultas:
Se o resultado for superior a 15 e, ao responder às questões do exercício 3, você conclui que isso o afeta negativamente, poderia querer reduzir o número de consultas e escolher esse ponto entre os seus objetivos de detox.

VOCÊ E SEU TABLET

Média diária do número de consultas:
Se o resultado for superior a 8 e, ao responder às questões do exercício 3, você observa que isso o afeta negativamente, poderia querer reduzir o número de consultas e escolher esse quesito entre seus objetivos de detox.

EXERCÍCIO 2:

Dedique alguns minutos à escuta de si. Coloque-se em uma posição confortável (sentado, deitado, em uma banheira, na natureza...), feche os olhos e passe a respirar profundamente. Em seguida, pergunte qual(quais) é(são) o(s) produto(s) tecnológico(s) que você percebe como mais viciante(s). Escute o que diz a sua intuição, pouco importando o que seu cérebro ou os três dias de observação indicam.

Colorir o(s) desenho(s) para fixar nele(s) a atenção de seu cérebro em uma abordagem mais criativa. Não hesite em relaxar, pois, depois da pré-escola, não somos mais obrigados a "não pintar fora das linhas":

EXERCÍCIO 3:

Responda a estas questões:

1. Como você se sente desde o surgimento de sua leve dependência de um ou de vários produtos tecnológicos? Seu comportamento ou sua personalidade se modificaram, mesmo que pouco? Por exemplo, é comum que se perceba interrompendo uma tarefa para realizar outra?

....

....

....

2. Como está seu sono desde o surgimento de sua leve dependência de um ou de vários produtos da tecnologia?

....

....

....

3. Como se dá sua relação com a alimentação desde o surgimento de sua leve dependência de um ou vários produtos tecnológicos ou quando usa um deles?

....

....

....

....

4. Que outra informação é importante para completar a análise da situação?

....

....

....

EXERCÍCIO 4:

Com a ajuda das informações coletadas nos exercícios 1 a 3, descreva com precisão a(s) leve(s) dependência(s) que deseja trabalhar. Não se trata de definir um objetivo, apenas de explicar com suas palavras como você vive sua relação com os produtos da tecnologia de que se sente mais dependente, segundo os exercícios 1 a 3. Lembrete: esta etapa é particularmente útil para avaliar seus progressos mais adiante.

Segunda etapa:
Descubra o que poderia ganhar tendo uma relação mais harmônica com a tecnologia!

Libertar-se de um hábito ou de uma dependência leve pode ser difícil. De fato, uma leve dependência pode camuflar falta, encobrir tédio ou determinado revés da vida, como também evitar o enfrentamento de vazio ou de questões existenciais. Por isso, é essencial fazer uma lista de estímulos para motivar quando necessário. Quais são as razões que motivam a mudança de sua relação com a tecnologia? Para conhecê-las, inicie uma exploração delas!

Comece fazendo sua lista de estímulos!

O que você ganharia sendo mais livre diante da tecnologia e escolhendo utilizá-la só quando realmente desejar? Tempo, energia, criatividade? Tempo para quê? Aprender? Viver? Dançar? Ou ainda para outra atividade pouco ou nada explorada?

Faça a lista dos benefícios. Em sua reflexão, pense naqueles que atingem as outras pessoas e nos que são particulares a você. Por exemplo, parar de consultar seu celular teria um efeito benéfico nas relações de todos e, para você, um a mais. Isso traria mais paz para seu cotidiano, porque eliminaria conflitos com o(a) seu(sua) parceiro(a).

Formule os benefícios sem utilizar frases negativas, pois nosso inconsciente não as conhece. Assim, quando lemos: "Eu não ficarei mais cansada", ele compreende: "Eu ficarei cansada", o que não é muito produtivo para seu processo...

Prepare uma lista que você poderá reler para se motivar!

23

Meus estímulos são...
Exemplo: Eu terei mais tempo para mim! Tempo que vou poder utilizar para...

....
....
....
....
....
....
....
....
....
....
....

Complete a lista de seus estímulos descobrindo os benefícios de uma relação harmônica com a tecnologia!

Uma relação mais harmônica também pode oferecer outros presentes.

Leia abaixo os benefícios que uma relação mais equilibrada com a tecnologia poderia trazer e quais os benefícios que você sonha para o seu cotidiano!

↗ **Mais tempo:** o tempo é um bem precioso. Ora, a tecnologia pode se mostrar particularmente consumidora de tempo. Pode ser difícil se desconectar de conversas apaixonantes nas redes sociais, interromper jogos ou ainda não continuar a consultar as informações infindáveis disponibilizadas na internet! A tecnologia é muito atraente. Sem percebermos, 1 hora se passa! Neste ponto, sua análise da situação talvez terá revelado a importância do tempo perdido a cada dia. Recupere o controle de seu tempo e aproveite esse presente maravilhoso!

25

↗ **Mais doçura no cotidiano:** quando a tecnologia ocupa muito nossa vida, um sentimento pode crescer, o de que cada minuto deveria ser mais rentável, e de que, não importa o que façamos, não é suficiente. Isso gera hesitações entre a multiplicidade de atividade possíveis, pensamentos repetitivos sobre como ter um desempenho melhor/maior e, por vezes, uma culpa surda que pode aumentar com o tempo. Isso não atinge apenas a esfera profissional, mas contamina a esfera privada. A tecnologia não é, evidentemente, a única responsável por essa rentabilização a qualquer custo, mas ela contribui ao estar sempre disponível. Escolhendo nossa relação com a tecnologia, podemos aprender a nos desconectar e ficarmos disponíveis para a doçura da vida!

↗ **Um cérebro com melhor desempenho**: o cérebro é moldado particularmente à atenção que se dá à tecnologia. Esta pode ser muito benéfica quando está a serviço e usada moderadamente Quando a moderação é ignorada, surgem várias consequências ameaçadoras. Por exemplo, podem surgir dificuldades para aprender, memorizar ou se concentrar em determinado assunto. Os **hiperlinks** e o fluxo de informações contidos em uma página da internet dificultam a leitura linear com atenção profunda, surgindo a vontade de passar de **link** em **link**, mediante uma leitura superficial, para se concentrar no que é mais atraente. Além do mais, isso demanda constantemente a tomada de decisão quanto à importância do que está sendo absorvido.

Em seu livro **A geração superficial**, Nicholas Carr explica que as "pessoas que praticam a leitura linear compreendem melhor, lembram-se e aprendem melhor do que os que leem textos cheios de links"[3]. Aliás, com a utilização crescente dos computadores, em especial dos corretores ortográficos, nós não mobilizamos mais nossa memória para escrever as palavras corretamente. Uma parcela de estudantes chineses estariam começando a ter dificuldades para escrever os

---

3. CARR, N. *Internet rend-il bete?* Paris: Robert Laffont, 2011 [Ed. bras.: *A geração superficial – O que a internet está fazendo com os nossos cérebros.* Rio de Janeiro: Agir, 2011].

caracteres, pois os computadores completam automaticamente o caractere após poucos traços[4]. Nossa memória não é mais convocada, mobilizada, e acaba se perdendo.

---

4. DEMBOSKY, A. Cerebral Circuitry., *Financial Times*, jan./2013.

☞ Há produtividade maior quando não há interrupção!

⊘ A tecnologia também é fonte de interrupções, pois ela nos força a estar disponíveis permanentemente e nos conecta a uma quantidade infinita de informações.

⊘ Quando não se respeita o uso moderado da tecnologia, pode-se apresentar, progressivamente, dificuldade em completar a realização das tarefas. Passa-se a ter o sentimento de ser interrompido com frequência, mesmo que nada tenha provocado distração.

⊘ Os alertas sonoros, links, **pop-ups**, publicidades são frequentes na internet. Cédric Biagini explica que "o computador nos envolve em um ecossistema de tecnologias de interrupção[5]. Esse excesso de solicitação cognitiva favorece um estado de constante distração"[6]. O cérebro passa a focar mais em solicitações imediatas, resultando em uma cadeia de eventos como este: "Eu redijo um documento quando um colega entra no

---

5. Afirmação retomada do blogueiro Cory Doctorow, citada em CARR, N. *Internet rend-il bete? Op. cit.*

6. BIAGINI, C. *L'Empire numérique – Comment internet et les nouvelles technologies ont colonisé nos vies.* Montreal: L'Échappée, 2012.

meu escritório. Eu me interrompo para responder a uma pergunta dele. O telefone toca, eu interrompo minha resposta para atender". E assim continua. O que chega suplanta o que já existe[7].

Tudo isso tem consequências: as interrupções podem ser nocivas à eficácia e influenciam no quociente intelectual! Nesse sentido, com base em uma dezena de estudos, o Dr. Gleen Wilson, do **King's College University of London**, demonstrou que as interrupções reduzem temporariamente o quociente intelectual, e de maneira equivalente à redução causada por uma noite insone[8].

Ele especificou que essa redução é mais do que o dobro da redução provocada pelo uso da marijuana. As interrupções frequentes nos dão o sentimento de não avançar, o que pode influenciar no reconhecimento que nos concedemos e que é nosso "gás" para avançar. Assim, é comum estarmos mais cansados no fim de uma manhã cheia de interrupções: nossa

---

7. JAUREGUIBERRY, F. Les téléphones portables... *Op. cit.*, p. 90.
8. WAINWRIGHT, M. E-mails "pose Threat to IQ". *The Guardian*, abr./2005.

atenção deve mudar de objetos sem parar, readaptar-se, o que demanda tempo e energia.

Tendo uma relação moderada e harmônica com a tecnologia, a pessoa proporciona a si própria os meios de se concentrar em uma tarefa e de completá-la antes de começar a seguinte.

⤷ **Um sono melhor:** um recente estudo americano[9] confirma que a luz azul emitida por muitos aparelhos eletrônicos (iPad, celular) influencia nosso sono. Utilizá-los antes de dormir poderia, portanto, perturbar o sono. Por isso, e porque eles são fonte de interrupção, excluir esses aparelhos do quarto contribuirá para um sono de melhor qualidade.

---

9. WOOD, B.; REA, M.; PLITNICK, B.; FIGUEIRO, M. Light Level and Duration of Exposure Determine the Impact of Self-Luminous Tablets on Melatonin Suppression. *Applied Ergonomics*, Amsterdã, v. 44, t. 2, p. 237-240, mar./2013.

↗ **Mais eficácia e bem-estar quando se faz uma coisa de cada vez.** A grande maioria das pessoas realiza (ou quer realizar) várias tarefas ao mesmo tempo: esperar a vez na fila do mercado consultando os e-mails, telefonar dirigindo, amamentar conversando em uma rede social, tomar um banho de sol escrevendo mensagens, falar no Skype lavando louça etc. O mito de que teríamos um desempenho melhor fazendo **multitasking** está chegando ao limite. Um recente estudo revela que entre 25 e 50% das pessoas se sentem assoberbadas ou com burnout. Não se trata apenas do número de horas no trabalho, mas também do tempo contínuo em que se deve dar conta de muitas tarefas ao mesmo tempo[10]. Estar plenamente presente na atividade desenvolvida é tão benéfica, que uma técnica foi criada: a consciência plena ou **mindfulness**[11]. Ela é ensinada em muitos países e também recomendada em caso de estresse, burnout e depressão[12].

---

10. SCHWARTZ, T. The Magic of Doing one Thing at a Time. *Harvard Business Review*, mar./2012.

11. KOTSOU, I. *Petit cahier d'exercices de pleine conscience.* Genebra: Jouvence, 2012 [Ed. bras. *Caderno de exercícios de atenção plena.* Petrópolis: Vozes, 2015].

12. Para um estudo sobre os benefícios da consciência plena em oito semanas, esp. na imunidade, cf. DAVIDSON R.J. *et al.* Alterations in Brain and Immune Function Produced by Mindfulness Meditation. *Psychosomatic Medicine*, v. 65, p. 564-570, 2003.

Portanto, fazer uma coisa de cada vez aumentaria nosso bem-estar e, de maneira mais surpreendente, não diminuiria nossa eficiência; pelo contrário. Uma equipe de pesquisadores da Universidade de Vanderbilt estudou o impacto do **multitasking** na eficiência: ele nos torna mais lentos e aumenta a probabilidade de cometer erros[13]. Outras experiências revelaram que os **multitaskers** têm desempenho maior quando se trata de filtrar as informações não pertinentes, mudar de tarefas, e são menos eficazes para dar conta de diferentes problemas[14].

APENAS estou andando.

---

13. LOHR, S. Slow Down, Brave Multitasker and Don't Read This in Traffic. *The New York Times*, mar./2007. O resultado é a perda de tempo (mesmo que de apenas 1 segundo), ao invés de ganho!
14. RICHTEL, M. *Your Brain on Computers – Attached to Technology and Paying a Price*. Disponível em: NYTimes.com

⤴ **Mais autoconhecimento:** consultar frequentemente e-mails, redes sociais ou a internet pode ser uma maneira de fugir de si. Os momentos de simples presença em si mesmo se tornam mais raros com o fluxo crescente de informações e a multiplicidade dos meios de comunicação. Nós teríamos menos ferramentas para vivê-los? Isso pode demonstrar questões não resolvidas. Podem ser preocupações pessoais difíceis de solucionar, até mesmo de abordar, ou ainda questões existenciais presentes em todo ser humano (Qual é o sentido da vida? Como lidar com a morte?). Deixar de lado, com regularidade, a tecnologia para "simplesmente ser" nos permite construir uma relação profunda e rica conosco.

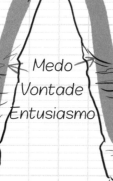

Objetivos
Sonhos
Questões

Alegria e medo
Meus amores

Sensibilidade
Intuição
Instinto

Medo
Vontade
Entusiasmo

35

⤴ **Simplesmente mais presença na vida:** frequentemente a tecnologia nos leva para um outro mundo. Mesmo estando neste planeta, muitas vezes não ouvimos os outros, nossos amigos, pessoas próximas, nossos filhos. Mesmo quando nos desconectamos e retornamos ao real, podemos não estar totalmente presentes, pois uma parte de nós ficou lá. Abandonemos com mais frequência nossa vida virtual para existir de verdade.

Terceira etapa:
Identifique seus objetivos e forças para um detox de 21 dias!

Nas duas primeiras etapas, você tomou consciência de sua relação atual com a tecnologia e descobriu quantos benefícios uma relação mais harmônica poderia trazer. Para criar essa nova relação e recuperar sua capacidade de escolher diante da tecnologia, proponho um detox de 21 dias.

A ideia não é privá-lo de toda a tecnologia durante esse período (salvo se este for o seu desejo), mas fixar alguns objetivos claros e precisos, baseando-se em sua situação atual. De fato, saber para onde vamos, como e por quanto tempo é essencial para se obter sucesso em um desafio. O ser humano pode investir em sua vontade incrível, sobretudo em um quadro específico e por um tempo determinado.

Seus objetivos para 21 dias!

Estando em um momento de calmaria, isole-se e defina seus objetivos da seguinte maneira:

↗ Releia as respostas que formulou na análise da situação.

↗ Com a ajuda dessas informações, identifique de um a três pontos que queira modificar. Não hesite em combinar as inteligências de seu cérebro e de seu instinto para escolhê-los.

> Exemplo:
> Eu escolho modificar estes três pontos:
> - Sinto-me dependente da televisão.
> - Não consigo me impedir de consultar meus e-mails de 10 em 10 minutos.
> - Estou permanentemente disponível no meu celular e respondo assim que me chamam.

↗ Para esses pontos, defina objetivos claros e precisos. Trata-se de se libertar de uma leve dependência, e isso pode ser um pouco desagradável. Não seja muito exigente, pois seria uma violência consigo mesmo. Opte por um objetivo realizável, comedido e adaptado à vida profissional e à privada. Veja o que é possível para VOCÊ, sem se importar com a capacidade dos outros.

Exemplo:

– Ao longo de 21 dias, eu assistirei televisão apenas durante duas noites, por no máximo 1 hora e meia por vez.

– Durante 21 dias, eu consultarei meus e-mails no máximo três vezes ao dia e em horários preestabelecidos: 11h, 15h e 18h.

– Durante 21 dias, eu desligarei meu celular nos seguintes momentos:
- durante as refeições;
- das 20h às 8h;
- durante reuniões (privadas/profissionais);
- quando estou com meus filhos ou meu(minha) companheiro(a);
- durante as atividades (esporte, cultura, festas...);
- ao menos um dia no fim de semana.

Meus objetivos para esses 21 dias são:

....

....

....

....

....

....

....

....

....

....

....

....

....

....

Identifique suas maiores forças para encarar esse desafio!

Conhecer suas forças é essencial para manter-se firme na adversidade. Além disso, segundo Martin Seligman[15], exercitar suas maiores forças é fonte de bem-estar. Assim, proponho que você exercite suas maiores forças quando encontrar dificuldades em cumprir seus engajamentos detox. Existem muitas forças: a curiosidade diante do mundo que nos cerca, o humor, o pensamento sem preconceitos, a tenacidade, a capacidade de se adaptar, a honestidade, a gentileza, a empatia, a paciência, a coragem, a persistência, a generosidade, a capacidade de organização etc.

Quais são as suas maiores forças? Revise as qualidades e escolha as que correspondem mais à sua personalidade. Se faltar inspiração, peça ajuda a uma ou duas pessoas próximas e cuidadosas. Em seguida, escolha cinco das suas maiores forças.

---

15. Ler esp. SELIGMAN, M. *La Fabrique du bonheur – Vivre les bienfaits de la psychologie positive au quotidien*. Paris: Interéditions, 2011. Cf. o seu conhecido artigo, disponível na internet: Why are Lawyers do Unhappy?

Geralmente, não exige muito empenho, ou mesmo nenhum. É como uma evidência, é "realmente você". Você se sente cheio de vida e feliz ao exercê-la.

Minhas cinco maiores forças são...

detalhista   atencioso(a)   gentil

corajoso(a)   curioso(a)   solidário(a)

engraçado(a)   reflexivo(a)   disposto(a)

perseverante

generoso(a)   rápido(a)

fiel

criativo(a)

organizado(a)   otimista   empático(a)

tenaz   honesto(a)   paciente

Quarta etapa:
Experimente os 21 dias de detox!

Em 21 dias, abandone suas pequenas dependências e volte a escolher de verdade! Sua objetividade contribuirá com a elaboração de regras de vida mais estimulantes. Comece seu detox assim que tiver definido seus objetivos. **O primeiro passo traz a energia para realizar os outros!**

Colorir um quadrado por dia de detox:

1	2	3	4	5
6	7	8	9	10
11	12	13	14	15
16	17	18	19	20
21				

Se tiver vontade de escapar...

Escapar é tão natural, sobretudo quando se trata de um automatismo enraizado em seu cotidiano. Por isso, seja carinhoso consigo mesmo e tente se manter firme. Releia a lista de seus incentivos (cf. a segunda etapa) e, em caso de necessidade, coloque-a diante dos olhos em pontos cruciais (em sua casa e no trabalho).

Nos momentos críticos, respire concentrando a atenção no caminho que o ar percorre em seu corpo. Feche os olhos e tente distinguir as tensões que seu corpo pode estar sentindo. Enfim, pergunte-se:

– Qual é a emoção que mais me ocupa?

– Qual é minha maior vontade neste exato momento?

Em seguida, veja como você poderia substituir o objeto tecnológico que deseja pelo mundo real. Por exemplo: se você tem vontade de acessar o Facebook, isso pode, talvez, falar de seu desejo de estar cercado ou de se relacionar com os outros. Nesse caso, poderia escolher ligar para os amigos ou encontrá-los.

Sua vez!

Eu substituo minha vontade de ....
por .... e por .... !

Eu substituo minha vontade de ....
por .... e por .... !

Eu substituo minha vontade de ....
por .... e por .... !

Eu substituo minha vontade de ....
por .... e por .... !

Eu substituo minha vontade de ....
por .... e por .... !

Eu substituo minha vontade de ....
por .... e por .... !

Recorra, também, às suas maiores forças. Como elas podem ajudar a atravessar esse momento mais delicado? E não se esqueça: todo momento desagradável tem um início, um meio e um fim!

Aproveite a oportunidade para se conhecer melhor; faça uma pausa para descobrir sua verdadeira necessidade!

Quando a vontade de escapar se tornar ainda mais forte, conceda-se um tempo para sentar, respirar profundamente e se perguntar: "No fundo, do que realmente preciso?" Uma pequena dependência é frequentemente uma resposta fácil, mas pouco adequada a uma necessidade ignorada. Ela pode ser inadequada, respondendo pouco ou mal à sua necessidade. Por exemplo, muita televisão à noite poderia ser uma tentativa de responder à necessidade de desacelerar, de fazer uma pausa. É uma resposta rápida que escolhemos diante de uma necessidade real e importante para nós. No entanto, essa resposta rápida só acontece superficial ou temporalmente diante da necessidade. No exemplo, a necessidade de desacelerar pode ser concretizada naquele momento, mas não com profundidade, se o nosso cotidiano continuar frenético. Tentar se libertar de uma pequena dependência ilumina uma necessidade essencial e até então desconhecida. Aproveite essa oportunidade para reconhecê-la e decidir se irá ou não lhe responder.

Assim, no nosso exemplo, o detox levaria a se perguntar: "Como responder à minha necessidade de desacelerar no meu cotidiano?"[16]

Neste exato instante, um desafio também se torna, com calma, uma busca de si mesmo.

Seus pensamentos são invadidos por sua pequena dependência. Aprenda a acalmar seu cérebro em ebulição!

Se você é surpreendido por pensamentos frequentes em relação às suas pequenas dependências, faça como muitos funcionários da Google[17]: aprenda a meditar! Ao se dedicar a esse exercício

---

16. Para trabalhar esse ponto, cf. CARDYN, A. *Petit manuel de survie dans la jungle du quotidien pour les femmes d'aujourd'hui*. Genebra: Jouvence, 2014.

17. Chade-Menq Tan e outros criaram um programa baseado na meditação em plena consciência, *Search Inside Yourself*, do qual milhares de assalariados da Google participam. Para saber mais, cf. TAN, C.-M. *Connectez-vous à vous-même – Une nouvelle voie vers le succès, le bonheur (et la paix dans le monde)*. Paris: Belfond, 2014.

mental você poderá acalmar seus pensamentos e dirigir sua atenção de forma mais agradável.

A meditação é um tempo de retorno a si mesmo, concentrando sua atenção em uma coisa (normalmente a respiração) e tentando não se apegar às ideias e aos pensamentos que aparecem. Muitos são os benefícios da meditação[18], que atualmente é recomendada por muitos médicos e hospitais. Entre outros benefícios, ela contribui para:

↗ Diminuir o estresse e a ruminação, aumentando a serenidade.

↗ Melhorar a concentração e aumentar a criatividade.

↗ Reduzir a pressão arterial, melhorar o sono e a imunidade.

---

18. Para ler mais sobre o tema, cf. estes excelentes trabalhos: SERVAN-SCHREIBER, D. *Anticancer – Les gestes quotidiens pour la santé du corps et de l'esprit*. Paris: Robert Lafont, 2007. • WILLIAMS, M.; TEASDALE, J.; SEGAL, Z.; KABAT-ZINN, J. *Méditer pour ne plus déprimer – La pleine conscience, une méthode pour vivre mieux*. Paris: Odile Jacob, 2009. • HANSON, R.; MENDIUS, R. *Le Cerveau de Bouddha – Bonheur, amour et sagesse au temps des neurosciences*. Paris: Les Arènes, 2011. • ANDRÉ, C. *Les États d'âmes, un apprentissage de la sérénité*. Paris: Odile Jacob, 2009.

↗ Colocar-nos como observadores do que acontece conosco (emoções, sensações físicas); primeiramente durante a meditação, e depois, ao longo do dia.

Parar por alguns minutos para se concentrar na respiração pode ser um verdadeiro desafio; frequentemente, faz-se necessário algumas sessões para atingir o estado de calma. Sentir as costas eretas e tonificadas, os ombros relaxados e no lugar, a passagem regular e suave do ar. Diante disso, há uma nova visão da vida, abrindo-se um novo caminho para o autoencontro.

Instruções para uma meditação baseada na respiração (há diferentes tipos de técnica):

1. Se você tem dificuldades ou problemas psicológicos, não comece uma prática de meditação sem antes consultar seu médico ou quem acompanha seu tratamento. Ainda que ela seja recomendada por médicos e psiquiatras, a meditação, por ser uma prática de concentração sem distração, não é indicada indiscriminadamente para todos ou em determinadas fases da vida.

2. Encontre um lugar calmo onde não terá distrações. Se estiver no trabalho, feche a porta e coloque o telefone no modo silencioso.

3. Sente-se confortavelmente com as costas eretas. Você pode se sentar de pernas cruzadas (com uma almofada, por exemplo, sob as nádegas, para ter mais conforto) ou em uma cadeira, com a sola dos pés, descalços, bem posicionadas no chão.

4. Feche os olhos.

5. Concentre sua atenção na respiração; observe como o ar entra e sai. Recomece a cada inspiração.

6. Quando surgir um pensamento, tome consciência do fato e se concentre novamente na respiração. Esse vai e vem entre um novo pensamento e sua respiração pode acontecer a cada segundo.

Quando há muitos pensamentos você pode imaginá-los como nuvens atravessando o céu e observá-los passar.

7. Deixe um caderninho ao lado para anotar as ideias que poderão vir durante a meditação, permitindo-se concentrar novamente.

8. Medite o tempo que for possível e adequado para você. Se, por exemplo, for complicado integrar 10 minutos em sua rotina, você poderá escolher meditar 2-3 minutos em vários momentos do dia, em casa ou no trabalho. Tente também descobrir qual é o momento mais propício para a meditação (à noite, pela manhã?). Sua prática deve ser adaptada à sua realidade e às suas necessidades.

9. Se você não meditar o quanto gostaria (nem todos os dias ou por menos tempo do que o previsto), permaneça em *atitude meditativa*, aceitando simplesmente a fase em que está, sem se culpar.

10. A atitude meditativa também é presença em si mesmo, na vida e com os outros. Viver uma coisa de cada vez. Concentrar-se no que sentimos, escutamos ou fazemos. A meditação vai além de um momento preciso, tornando-se uma filosofia de vida.

11. Aceite a prática da meditação com seus altos e baixos: está tudo bem. Fora o julgamento! Viva a abertura!

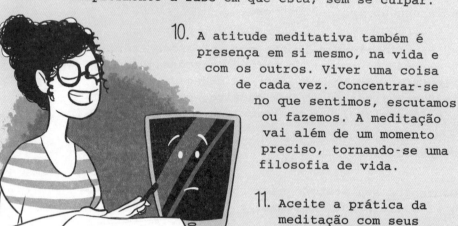

Quinta etapa:
Escolha sua nova relação com a tecnologia!

Enriquecido pela conscientização e por sua cura detox, explore agora os termos de sua nova relação!

O que você retém de seu detox?

Um detox de 21 dias com uma pequena ou grande mudança é uma experiência interessante que nos ensina sobre nós próprios e nossa vida. Ao fim de 21 dias, você poderá decidir adotar um elemento desse aprendizado, como trazemos para o cotidiano uma lembrança das férias. Pode ser uma diminuição ou mesmo a eliminação da pequena dependência, ou ainda apenas o fato de saber que somos capazes de nos afastar dela... Então, é possível cair no sono sem aquelas 2 horas de televisão...!

Escolha uma pequena atitude para integrá-la ao seu cotidiano. Esse pequeno passo é importante para a sua liberdade.

A pequena atitude que desejo abraçar em meu cotidiano é...
....
....
....
....
....
....
....
....
....
....

Mantenha uma relação saudável com a tecnologia, criando tempos de desconexão!

Sua conscientização e o detox devolveram a você uma liber-dade total ou parcial. De fato, eles apagaram alguns reflexos e automatismos para substituí-los pela capacidade de escolher: "Eu desejo realmente consultar meu celular agora?"
Como conservar esse presente precioso? Oferecendo a si mesmo, regularmente, tempos de desconexão.

Durante esses momentos de desconexão você sente a presença de si, daqueles que o cercam e aquilo que está fazendo, sem correr o risco de a atenção ser desviada por um celular, um e-mail, uma televisão ou outro produto da tecnologia.

Se a sua atividade permitir, eles também se tornam pontos fortes no exercício profissional. De fato, concentrar-se na mesma tarefa durante determinado tempo (de uma a duas horas) enriquece nosso desenvolvimento. Isso nos traz: **53**

↗ **Prazer:** pois mergulhamos em um projeto e podemos (enfim!) avançar.

↗ **Criatividade:** pois as ideias têm tempo para surgir.

↗ **Calma:** pois permitimos que nosso cérebro e nosso ser descansem.

Para que esses momentos de desconexão façam parte de seu cotidiano, planeje quando e como criá-los. Se a sua motivação diminuir ao ler estas últimas linhas, releia **a lista de seus incentivos** (cf. a segunda etapa) para se lembrar por que é essencial ter uma relação equilibrada com a tecnologia.

Você poderá organizar diferentes tipos de desconexão. Por exemplo, uma desconexão total (ficando completamente indisponível) ou uma desconexão parcial (disponível apenas por telefone – não por e-mail –, e somente em caso de urgência). Convoque sua criatividade e seu instinto para determinar como e quando esses tempos devem se integrar ao seu cotidiano.

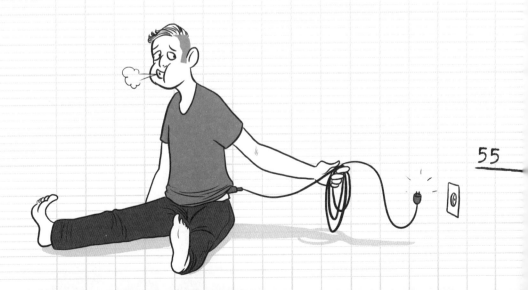

Eu prevejo momentos de desconexão parcial e total em...

Exemplos:

Desconexão total:

- Colocar o celular no silencioso ou desligá-lo durante o lazer.

- Proibir o celular, o tablet, a televisão etc. durante as refeições.

Desconexão parcial:

- Desativar o alarme sonoro e/ou visual indicando um novo e-mail (e-mail que aparece na tela, pequeno envelope no canto). Sugiro frequentemente que essa medida seja definitiva. Você pode optar pela consulta dos e-mails em uma hora prefixada, de acordo com as suas necessidades.

- Deixar o telefone fixo aos cuidados de um colega ou secretária, ou na secretária eletrônica.

Encontre suas próprias astúcias, sem ter medo de ser original. Durante um curso, uma assistente compartilhou sua ideia para limitar o número de e-mails: ela pedia a seus patrões que nunca escrevessem um e-mail de agradecimento. No lugar disso, ela lhes sugeria agradecer-lhes pessoalmente uma vez por mês.

Ocorrência dos momentos de desconexão

Exemplo:

- Desconexão parcial: todos os dias das 8h às 10h, para trabalhar em incumbências complexas.

- Desconexão total: todos os domingos, uma vez por mês, em determinado dia da semana ou uma vez por dia, das 19h às 21h (ou outro horário que possa ser ajustado ao seu cotidiano).

....

....

....

....

....

....

....

....

....

....

....

....

....

....

Preveja esses momentos de desconexão em sua agenda como qualquer reunião importante. Isso irá ajudá-lo a se manter firme!

Você deseja ir mais longe? Defina novas regras de vida!

Seu detox de 21 dias trouxe o gostinho de uma vida levemente diferente. Dedique 1 hora de seu tempo para extrair o melhor dele e insuflá-lo em seu cotidiano.

Comece se soltando, dançando 10 minutos ao som de sua música preferida. Em seguida, sente-se de pernas cruzadas ou em uma poltrona confortável, com a sola dos pés descalços bem posicionadas no chão. Feche os olhos. Durante alguns minutos revisite o tempo do detox. Concentre-se nos momentos reveladores. Talvez você tenha feito uma descoberta. Talvez, após um leve "desmame", você tenha experimentado uma riqueza da vida até então inexplorada. Durante um instante, saboreie novamente esses presentes, revivendo detalhadamente aqueles momentos.

Abra os olhos e pegue lápis de cor para desenhar as imagens que melhor simbolizariam esses momentos.

É necessário que elas tenham um sentido para você, pouco importando se são compreensíveis ou não para os outros. Se você não desenha bem, opte por símbolos simples, palavras ou frases organizadas (poderá ou não colorir). O objetivo é colocar o "mental" de férias e convocar sua criatividade e sua intuição.

Mãos à obra!

Quando terminar, pegue seu caderno e mude de ambiente. Escolha um lugar onde se sinta especialmente relaxado: a natureza, um cômodo agradável e familiar, uma poltrona diante de uma obra de arte; em suma, um espaço no qual você se sinta bem. Admire sua obra, perguntando-se: **Como eu poderia integrá-la ao meu cotidiano?**

Leve o tempo que for necessário. Caso necessite, deixe essa questão de lado durante alguns dias, pois quase sempre a vida traz as respostas.

Transforme seus elementos de resposta em novas regras de vida.

Mãos à obra!

Minhas novas regras de vida são...

Exemplos de regras que você poderá aplicar:

– Meditar 5 minutos por dia.

– Banir a tecnologia de alguns lugares ou momentos de vida.

– Consultar seus e-mails, no máximo, uma vez a cada hora.

– Manter o equilíbrio entre a leitura no papel e a leitura na tela (imprimindo as páginas) para aproveitar os benefícios das duas: leitura aprofundada com memorização e concentração e leitura que chega mais rápido ao essencial.

Uma bela vida para você!

Acesse a coleção completa em

livrariavozes.com.br/colecoes/caderno-de-exercicios

ou pelo Qr Code abaixo